唐颜真卿书罗婉顺墓志

陕西省考古研究院 编著

文物出版社

图书在版编目（CIP）数据

唐颜真卿书罗婉顺墓志 / 陕西省考古研究院编著. -- 北京 : 文物出版社, 2021.11

ISBN 978-7-5010-7279-8

Ⅰ. ①唐… Ⅱ. ①陕… Ⅲ. ①楷书—碑帖—中国—唐代 Ⅳ. ①J292.24

中国版本图书馆CIP数据核字(2021)第226846号

唐颜真卿书罗婉顺墓志

编　　著：陕西省考古研究院

封面设计：刘　远
责任编辑：张　玮　吴　然
责任印制：张　丽

出版发行：文物出版社
社　　址：北京市东城区东直门内北小街2号楼
邮　　编：100007
网　　址：http: //www.wenwu.com
经　　销：新华书店
印　　刷：北京荣宝艺品印刷有限公司
开　　本：889mm × 1194mm　1/16
印　　张：4.25
版　　次：2021年11月第1版
印　　次：2021年11月第1次印刷
书　　号：ISBN 978-7-5010-7279-8
定　　价：60.00元

目录

罗婉顺墓志发掘现场

墓志出土时的情况

墓志出土时的情况

电子拓片数据采集

出土的元大谦、罗婉顺墓志

墓志装箱后运送回研究院

墓志装箱

公众宣传

罗婉顺墓志拓本及原石

罗婉顺墓志，白石质。出土时志盖移位。

志盖边长五十一至五十一·四、厚九·五厘米，盝顶，顶面正中划方形界格，阴刻篆书『唐故龙门令元府君夫人罗氏墓志之铭』，共四行，行四字。四周饰勾连云纹，四刹减地线刻牡丹纹及四神。上刹为朱雀，双翅大展，曲颈为S状；左刹为青龙，长身卷尾，怒目张口，龙颈饰线刻X纹，脑后有摩尼珠，身饰豹斑；下刹为玄武，龟蛇交缠，龟首回转与蛇首相对；右刹为白虎，身似龙，虎首鬃毛飘扬。

志石边长五一·三、厚一〇·二厘米，正面阴刻楷书七百二十九字，共二十七行，满行二十八字，划细线棋格。志文在『家』『母』『茔』『皇』『苍穹』等词前均空字。

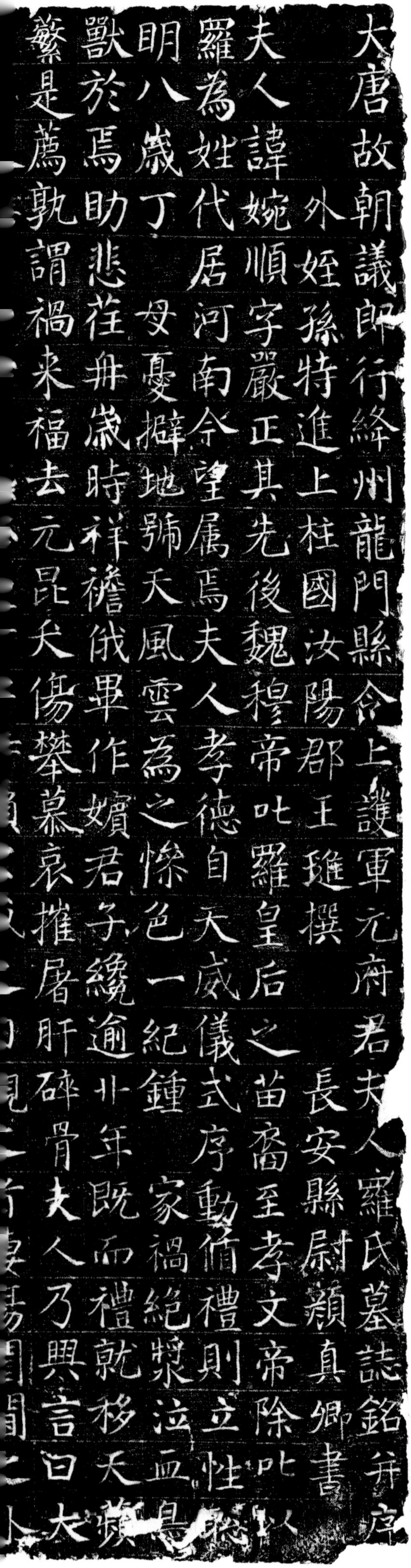

人而人自哀譬若貯水物中方圓有象發生春首小大無偏夫人乃罄囊
中之資遵合祔之禮爰及亡兄棺櫬亦列以陪塋每感節烝嘗與禰通
配享虔誠如在終身不忘而能克諧六親養均七子躬組紝之事服澣濯
之衣隋開府儀同三司使持節靈州諸軍事靈州刺史石保縣開國公昇
夫人之高祖也 皇駙馬都尉驃騎大將軍右宗衛率平氏縣開國男儼
夫人之曾祖也 皇金明公主男福延夫人之祖也高尚不仕志逸山林
悉繁華於市朝挹清虛於泉石 皇朝散大夫行嘉州司倉參軍暕夫人
之父也夫人即司倉之第二女容華婉麗詞藻清切仁心既廣品物無傷
禮則恒持諸親咸仰嗟子有齧指之感臨事無投杼之惑 蒼穹不憖
禍來斯鍾以天寶五載景戌律中沽洗日在胃建壬辰癸丑朔丁巳土滿
因寒節永慕兼之冷食遂至遘疾覺于義寧里之私第春秋四百五十甲
子嗚呼哀哉天乎天乎禍出不圖其福何在哲人斯徂痛惜行邁哀傷路
隅弔禽鳥叫白馬朝趍知神理之難測孰不信其命夫德以天寶六載丁
亥律應夾鍾日在奎建癸卯丁未朔己酉土破遷合于元府君舊塋禮也
嗚呼嗚呼松檟茲合魂神式安閟泉扃兮已矣顧風樹而長歎府君之德
行前銘已載嗣子不㝎等望咸陽之日遠攀靈轜以摧擗號天靡訴叩地
無依斵彼燕石式祈不朽乃為銘曰
啓先塋兮松檟合掩舊扃兮無所覩痛後嗣兮屠肝心從今向去終千古

唐故龍門
令元府君

大人羅氏
墓誌之銘

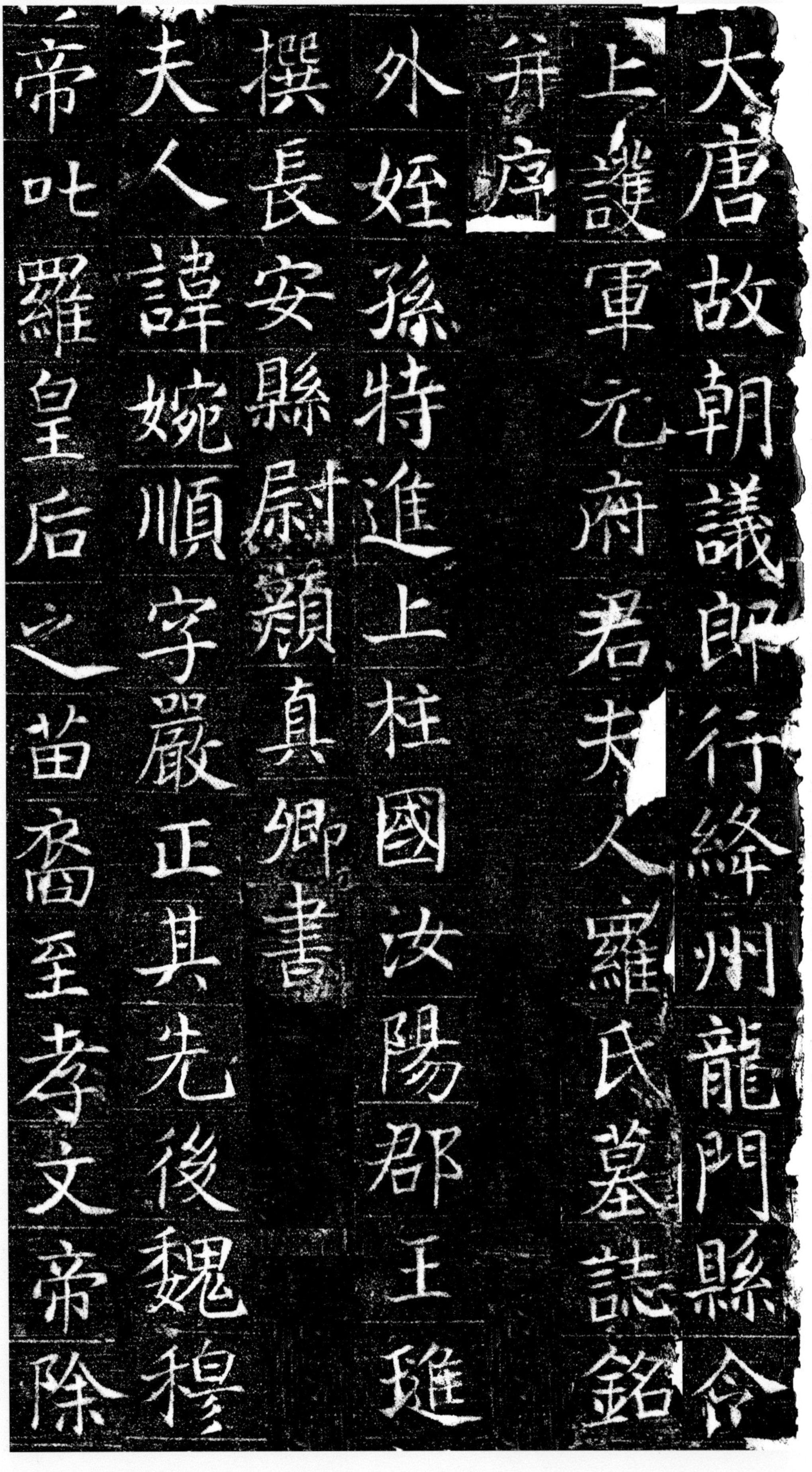

大唐故朝议郎行绛州龙门县令上护军元府君夫人罗氏墓志铭并序

外侄孙特进上柱国汝阳郡王琎撰。长安县尉颜真卿书。

夫人讳婉顺，字严正。其先后魏穆帝叱罗皇后之苗裔，至孝文帝除

（原大）

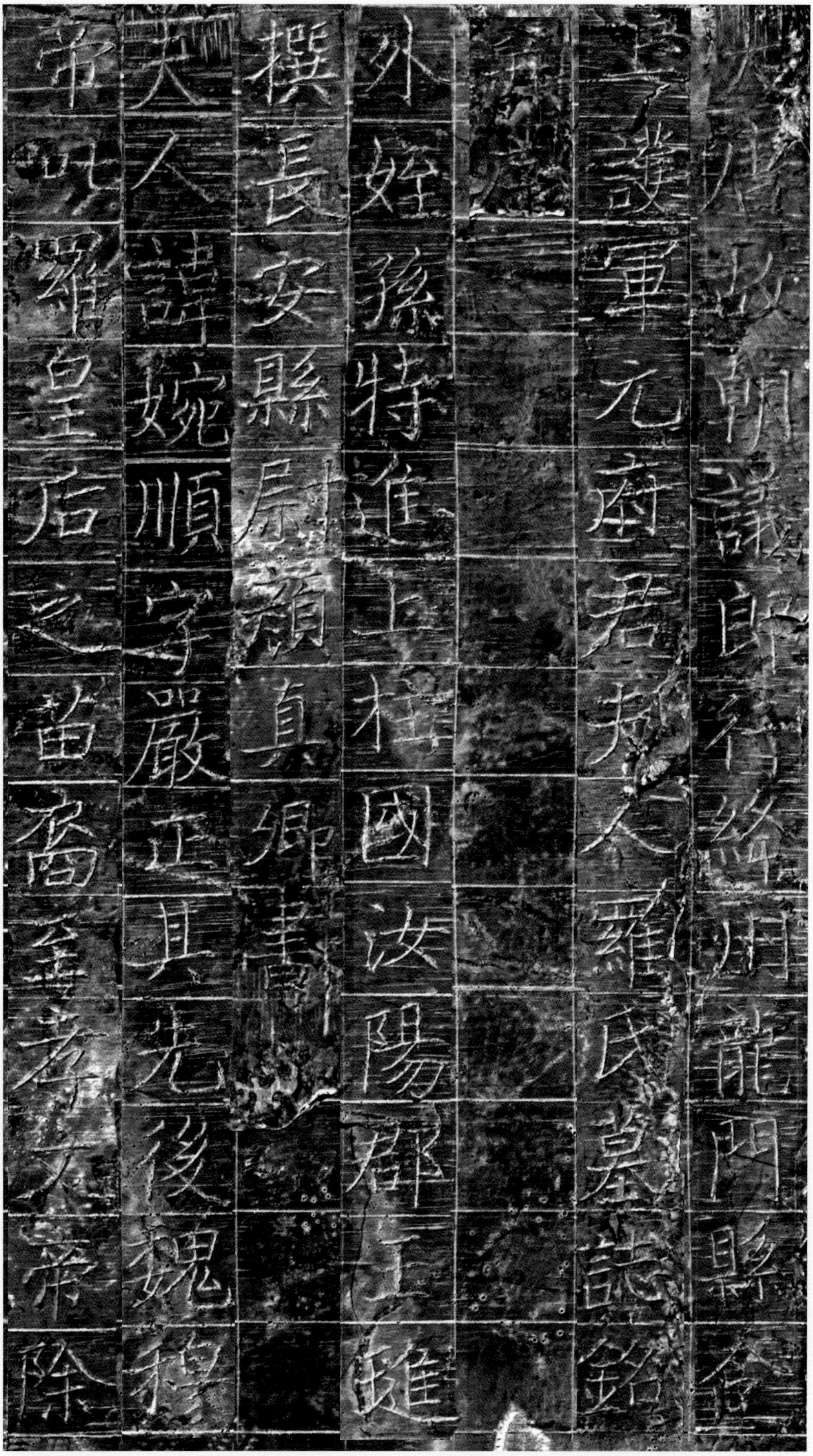
大唐故朝議郎行絳州龍門縣令
上護軍元府君夫人羅氏墓誌銘
并序
外姪孫特進上柱國汝陽郡王璡
撰長安縣尉顏真卿書
夫人諱婉順字嚴正其先後魏穆
帝叱羅皇后之苗裔至孝文帝除

（原大）

叱以羅為姓代居河南令望属焉
夫人孝德自天威儀式序動循禮
則立性聰明八歲丁母憂擗地號
天風雲為之慘色一紀鍾家禍絶
漿泣血鳥獸於焉助悲荏冉歲時
祥禫俄畢作嬪君子纔逾卄年既
而禮就移天蘋蘩是薦孰謂禍来

叱以罗为姓，代居河南，今望属焉。夫人孝德自天，威仪式序，动循礼则，立性聪明。八岁丁母忧，擗地号天，风云为之惨色；一纪钟家祸，绝浆泣血，鸟兽于焉助悲。荏苒岁时，祥禫俄毕，作嫔君子，才逾卄年，既而礼就移天，蘋蘩是荐。孰谓祸来

叱羅為姓代居河南今從屬焉
夫人孝德自天威儀式序動循禮
則立性聰明八歲丁母憂擗地號
天風雲為之慘色人絕鍾家禍絕
禁泣血鳥獸於焉助悲荏冉歲時
祥禫俄畢在嬪君子纔逾廿年既
而禮就移天蘋蘩是薦孰謂禍來

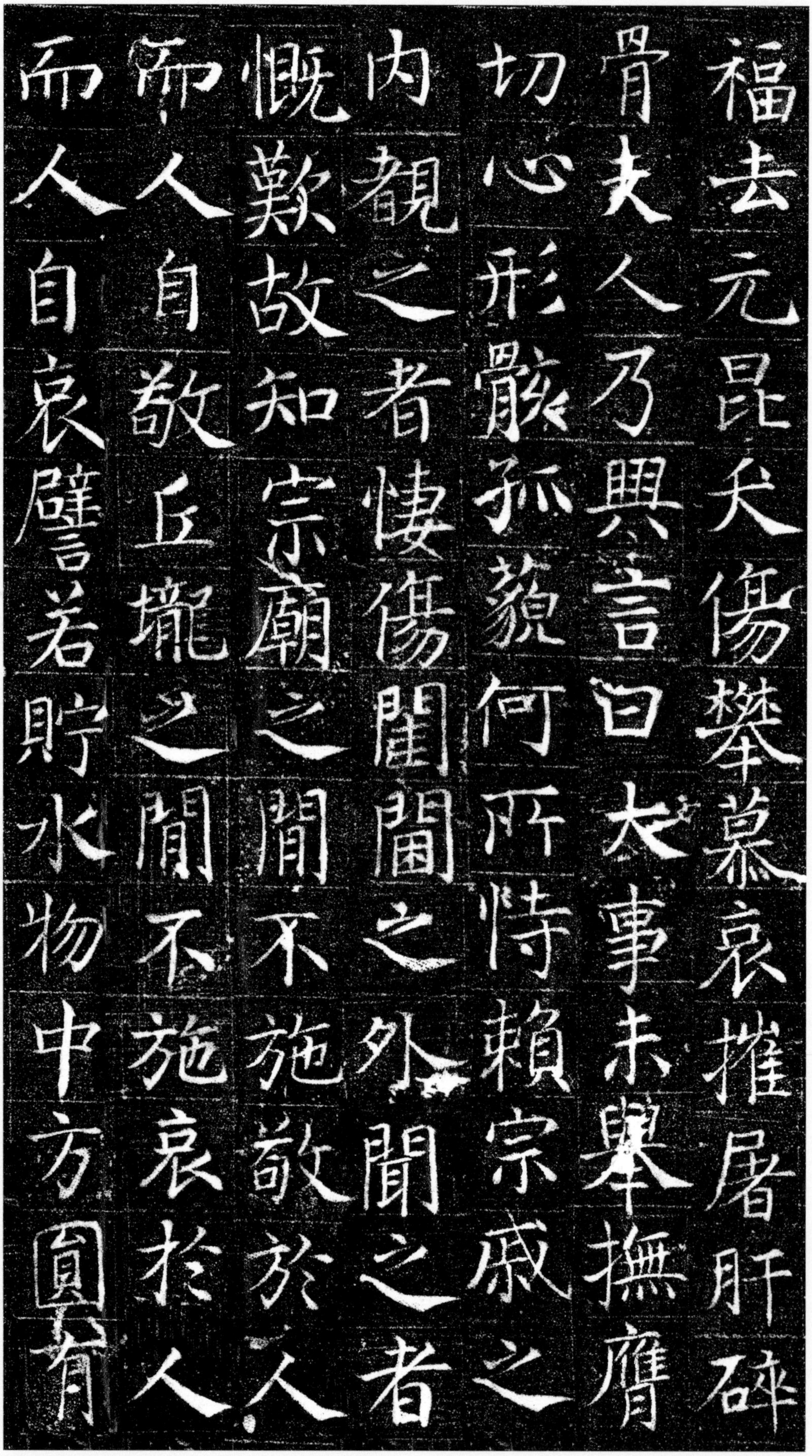

福去，元昆夭伤。攀慕哀摧，屠肝碎骨。夫人乃兴言曰：『大事未举，抚膺切心。形骸孤藐，何所恃赖？』宗戚之内，睹之者悽伤；闺阃之外，闻之者慨叹。故知宗庙之间，不施敬于人而人自敬；丘垅之间，不施哀于人而人自哀。譬若贮水物中，方圆有

福□元昆天傷擗慕哀摧屠肝碎
骨夫人乃興言曰太子未舉撫膺
切心形骸猶貌何所恃賴宗戚之
內觀之者悽傷閭閻之外聞之者
慨歎故加宗廟之閒不施敬於人
而人自敬丘壠之閒不施哀於人
而人自哀譬若貯水物中方圓有

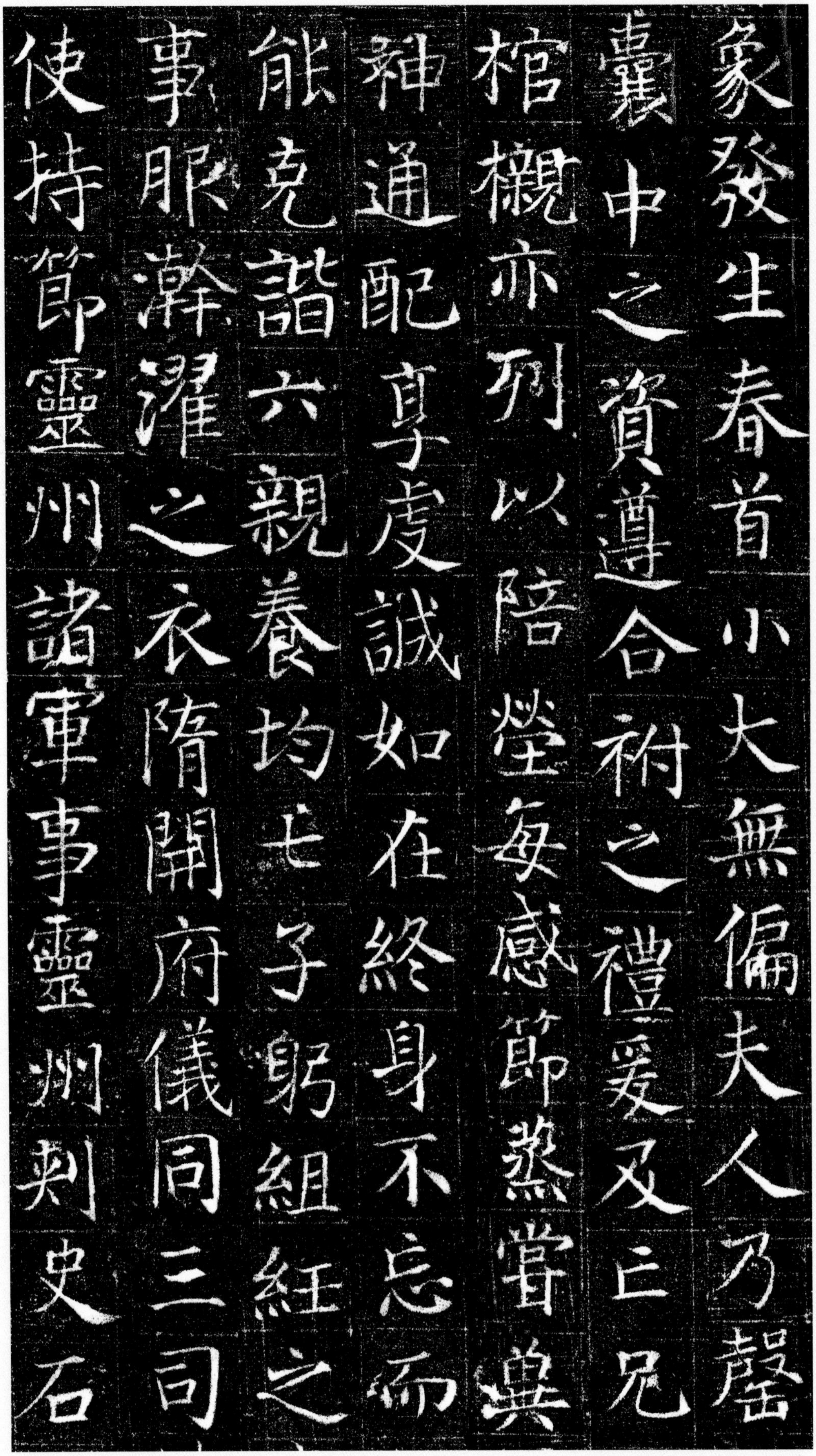

象。发生春首，小大无偏。夫人乃罄囊中之资，遵合祔之礼。爰及亡兄棺榇，亦列以陪茔。每感节蒸尝，冀神通配享，虔诚如在，终身不忘。而能克谐六亲，养均七子，躬组纴之事，服浣濯之衣。隋开府仪同三司、使持节、灵州诸军事、灵州刺史、石

象發生春首小大無偏夫人乃罄
囊中之寶導合袝之禮孝愛已宛
棺櫬亦列以陪塋安厝節蒸嘗奠
神通配享虔誠如在終身不忘矣
能克諧六親養均娃壽綿組紲之
事所辭讓之衣皆開府儀同三司
使持節靈州諸軍事靈州刺史唐

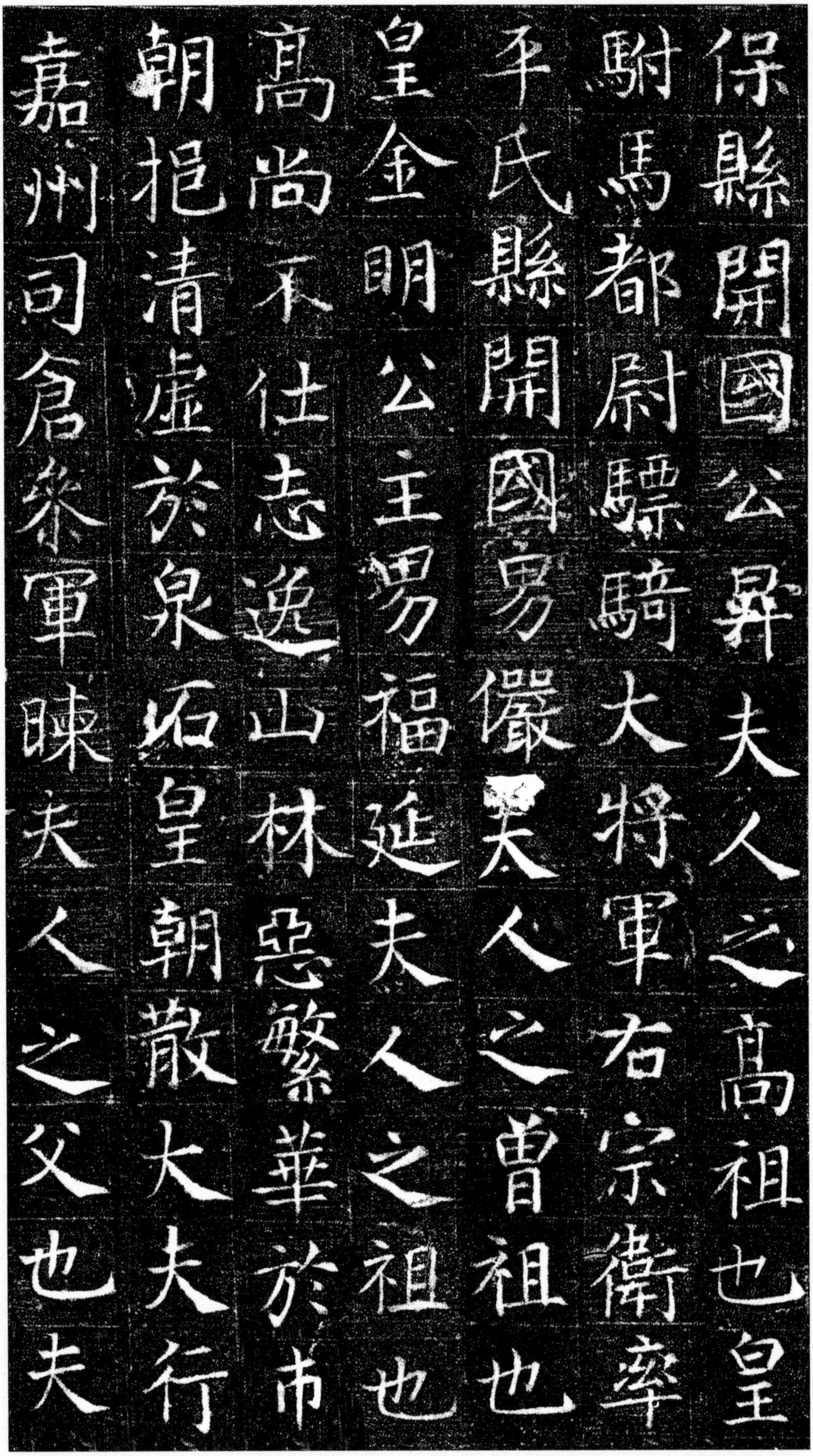

保县开国公昇，夫人之高祖也。皇驸马都尉、骠骑大将军、右宗卫率、平氏县开国男俨，夫人之曾祖也。皇金明公主男福延，夫人之祖也。高尚不仕，志逸山林。恶繁华于市朝，挹清虚于泉石。皇朝散大夫行嘉州司仓参军暕，夫人之父也。夫

保縣開國公昇夫人之高祖也皇
駙馬都尉驃騎大將軍右宗衛率
李氏縣開國男儀夫人之曾祖也
皇金剛公主男福延夫人之祖也
高尚不仕志逸山林聖敬華於佛
朝植清虛於泉石皇朝徵大夫行
嘉州司倉參軍暕夫人之父也夫

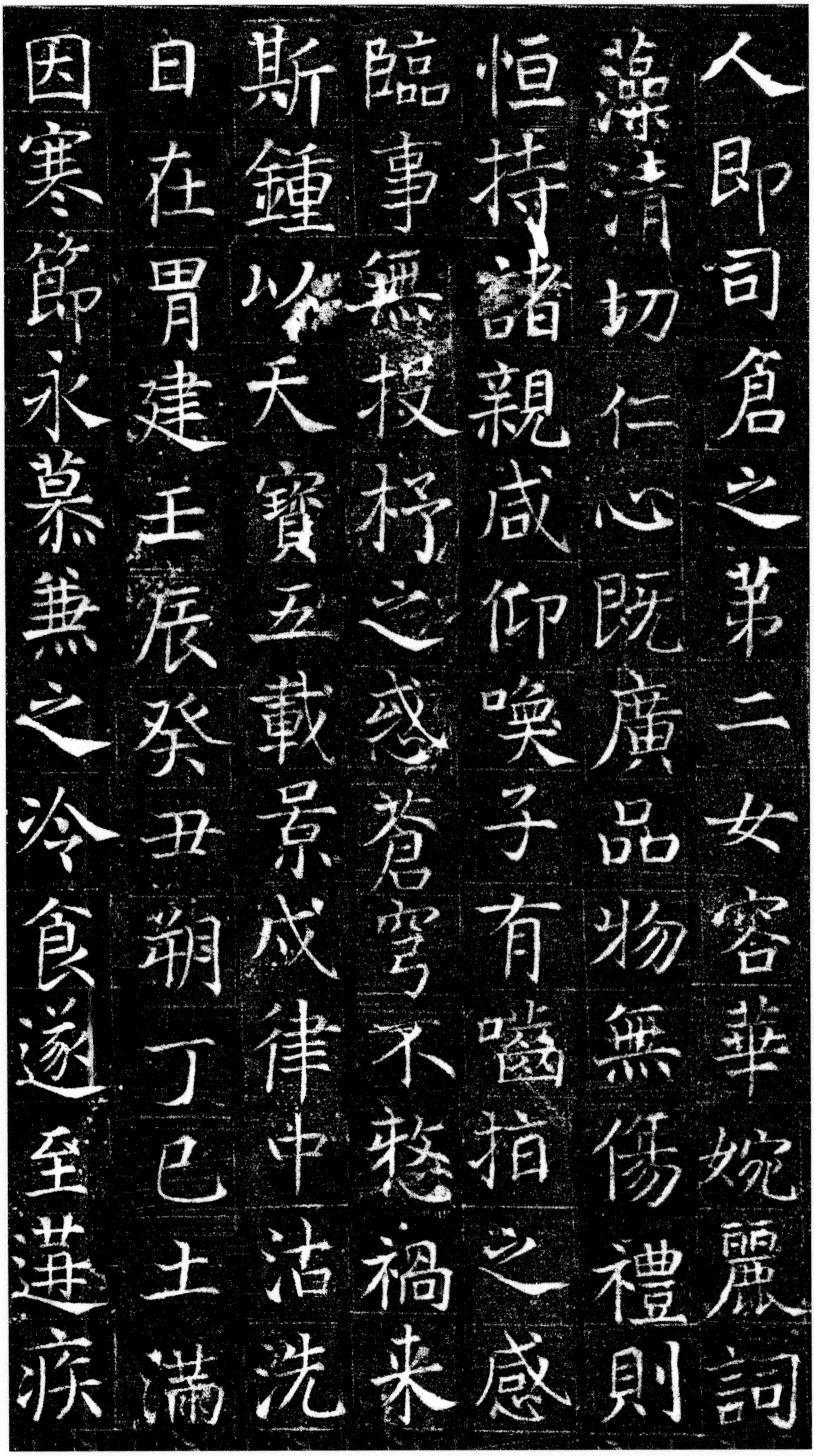

人即司仓之第二女。容华婉丽，词藻清切。仁心既广，品物无伤。礼则恒持，诸亲咸仰。唤子有啮指之感，临事无投杼之惑。苍穹不慭，祸来斯钟。以天宝五载景戌律中沽洗日在胃建壬辰癸丑朔丁巳土满，因寒节永慕，兼之冷食，遂至遘疾，

人即司倉之第二女□華婉麗詞
□清勤仁心既膺品物無傷禮則
恒持□親戚仰嘆于有皆猶之感
臨事無授移之惑警寧不移禍來
斯鍾以夭實亦載景戒律平治危
自在男建壬辰癸丑朔丁已士志
因寒節永菓無之人食遂至遺疾

薨于義寧里之私第春秋四百五
十甲子嗚呼哀哉天乎天乎禍出
不圖其福何在哲人斯殂痛惜行
邁哀傷路隅弔禽夜叫白馬朝趍
知神理之難測孰不信其命夫悠
以天寶六載丁亥律應夾鍾日在
奎建癸卯丁未朔己酉土破遷合

薨于义宁里之私第，春秋四百五十甲子。呜呼哀哉，天乎天乎。祸出不图，其福何在？哲人斯殂，痛惜行迈，哀伤路隅，吊禽夜叫。白马朝趍，知神理之难测，孰不信其命夫？悠以天宝六载丁亥律应夹钟日在奎建癸卯丁未朔己酉土破，迁合

覺不義靈異之私第春[illegible]四百五
十年早嗚呼哀哉天乎天乎禍出
不圖其福佑在哲人斯徂[illegible][illegible]行
道衰傷路陽禹禽不可白馬朝[illegible]
知神理之難測孰不諳其命夫依
以天寶六載丁亥律應夾鍾日在
奎建癸卯丁未朔己酉壬破遷合

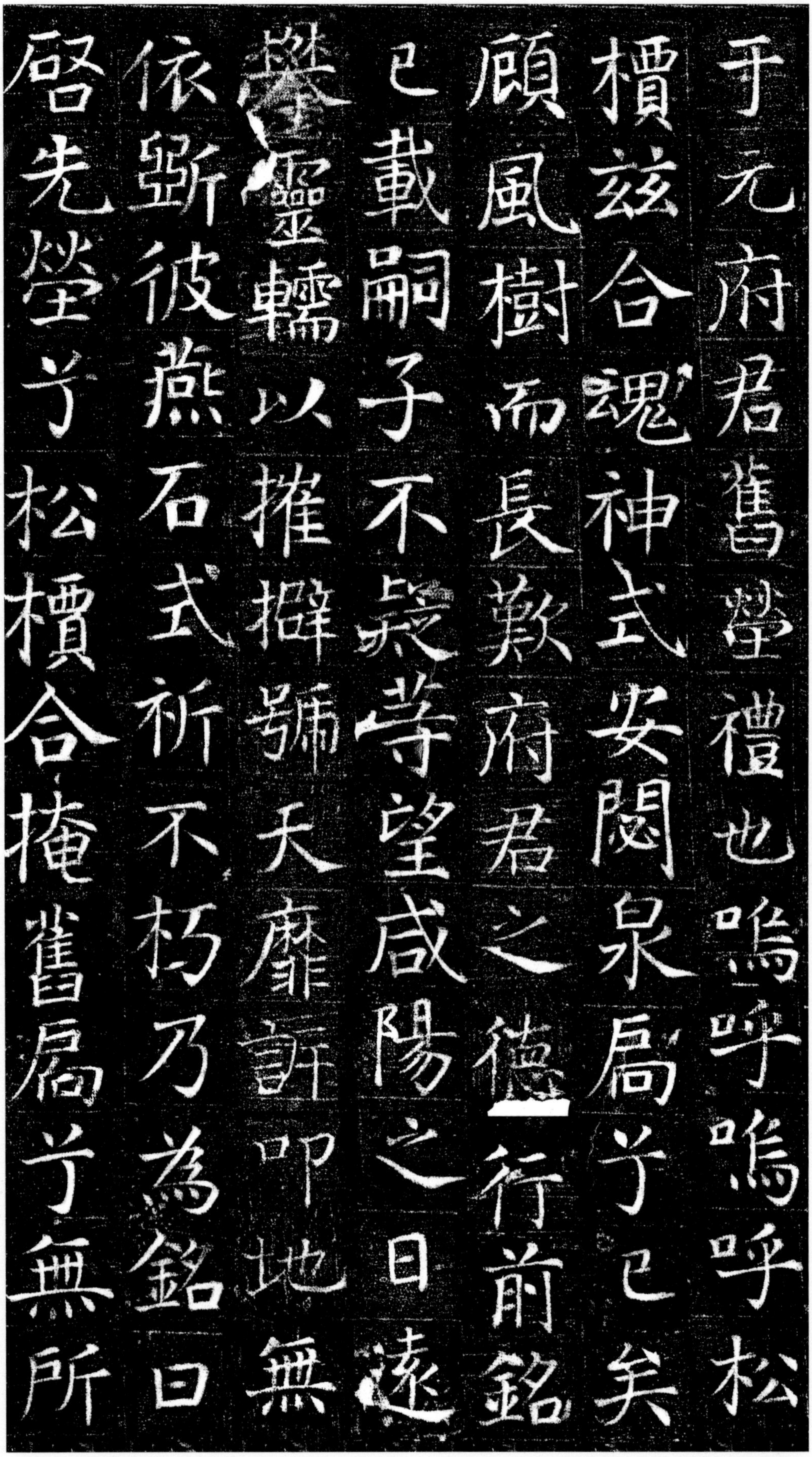

于元府君旧茔，礼也。呜呼！呜呼！松槚兹合，魂神式安。閟泉扃兮已矣，顾风树而长叹。府君之德行，前铭已载。嗣子不疑等，望咸阳之日远，攀灵輀以摧擗。号天靡诉，叩地无依。斫彼燕石，式祈不朽。乃为铭曰：启先茔兮松槚合，掩旧扃兮无所

于元府君舊塋禮也嗚呼嗚呼松
檟茲合魂神式安閟泉扃兮已矣
顯風樹而長歎府君之德行前銘
已載嗣子不競芳望咸陽之日[illegible]
[illegible][illegible][illegible]以摧擗孀天靡訴叩地無
依斲彼燕石式祈不朽乃爲銘曰
啓先塋于松檟合掩舊扃兮無所

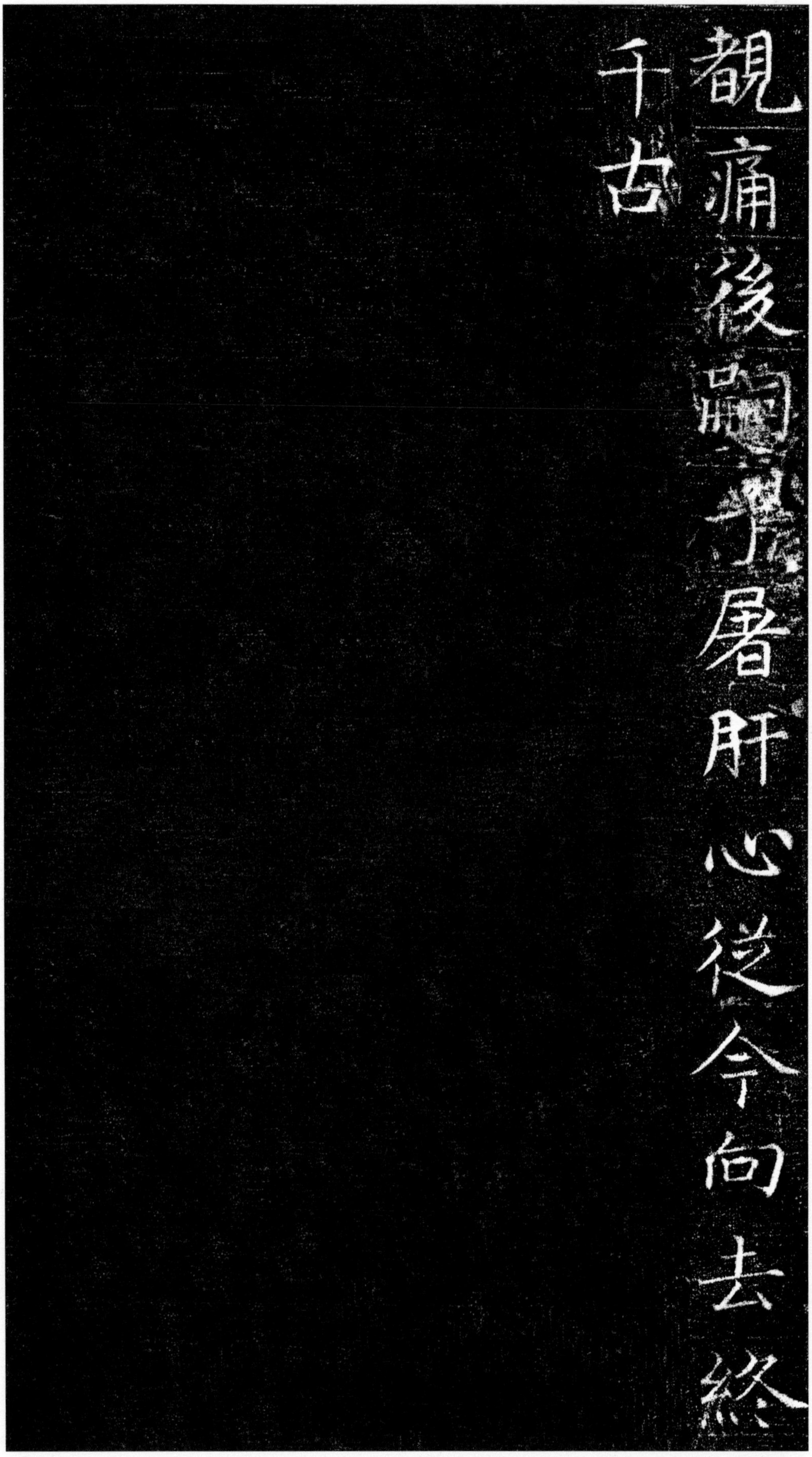

睹。痛后嗣兮屠肝心，从今向去终千古。

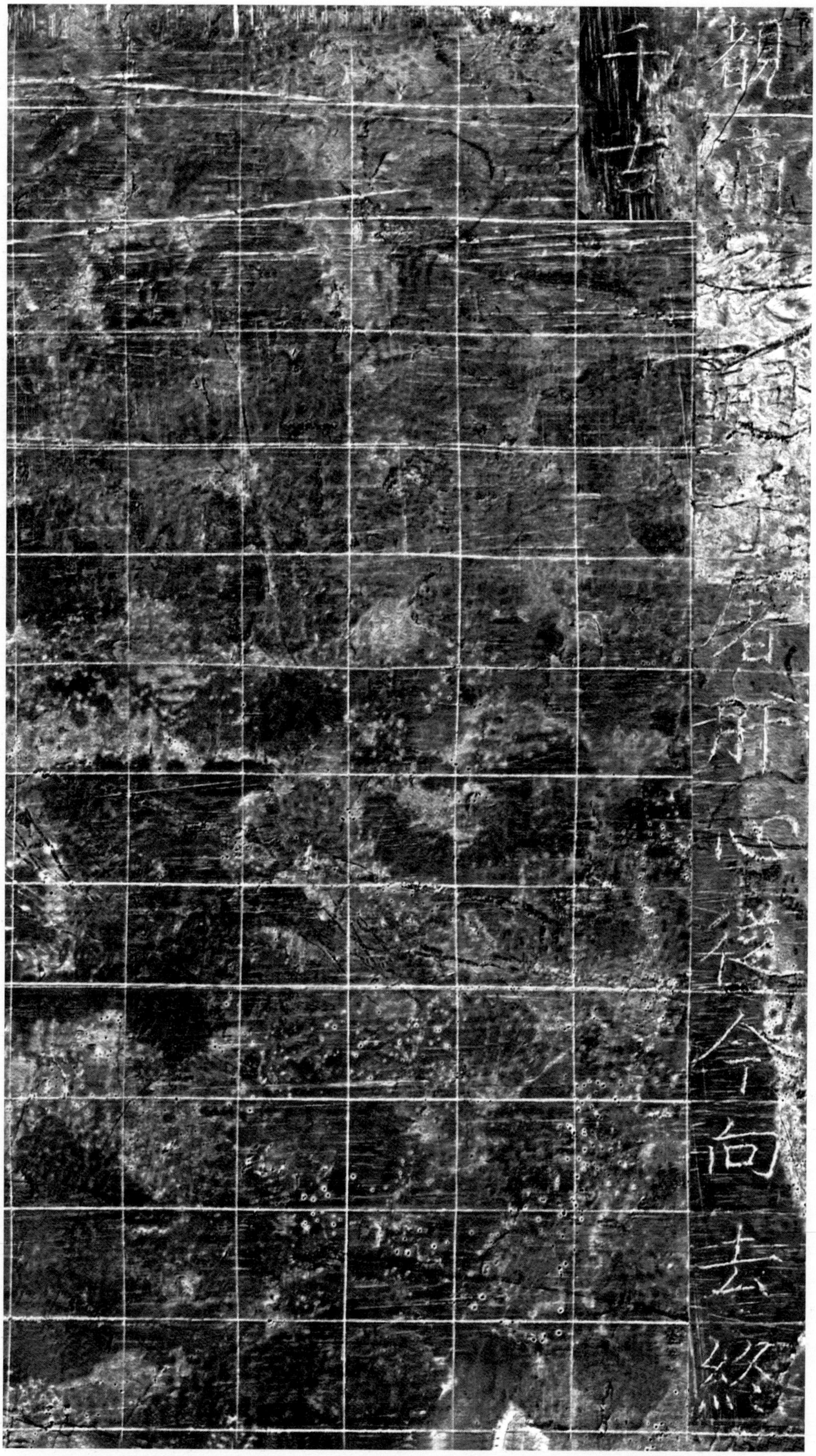
今向去

大唐故朝議郎行絳州龍
門縣令上護軍元府君夫
人羅氏墓誌銘并序

（放大）

外姪孫特進上柱國汝陽
外姪孫特進上柱國汝陽
郡王璡撰長安縣尉顏真
郡王璡撰長安縣尉顏真
卿書
卿書

夫人諱婉順字嚴正其先
夫人諱婉順字嚴正其先
後魏穆帝吒羅皇后之苗
後魏穆帝吒羅皇后之苗
裔至孝文帝除吒[illegible]羅為
裔至孝文帝除吒[illegible]羅為

姓代居河南令望属焉夫
姓代居河南令望属焉夫
人孝德自天威儀式序動
人孝德自天威儀式序動
循禮則立性聰明八歲丁
循禮則立性聰明八歲丁

母憂擗地號天風雲為之
母憂擗地號天風雲為之
慘色一紀鍾家禍絕漿泣
慘色一紀鍾家禍絕漿泣
血鳥獸於焉助悲莅冊歲
血鳥獸於焉助悲莅冊歲

時祥禫儀畢作嬪君子纔

逾卄年既而禮就移天贊

蘩是薦孰謂禍来福去元

昆弟傷攀慕哀摧屠肝碎

昆弟傷攀慕哀摧屠肝碎

骨夫人乃興言曰太事未

骨夫人乃興言曰太事未

舉撫膺切心形骸孤貌何

舉撫膺切心形骸孤貌何

所恃賴宗戚之內覩之者

所恃賴宗戚之內覩之者

悽傷閭閻之外聞之者慨

悽傷閭閻之外聞之者慨

歎故知宗廟之間不施敬

歎故知宗廟之間不施敬

於人而人自敬丘壠之間
於人而人自敬丘壠之間
不施哀於人而人自哀譬
不施哀於人而人自哀譬
若貯水物中方圓有象發
若貯水物中方圓有象發

生春首小大無偏夫人乃

生春首小大無偏夫人乃

罄囊中之資遵合祔之禮

罄囊中之資遵合祔之禮

爰及亡兄棺櫬亦列以陪

爰及亡兄棺櫬亦列以陪

塋每感節烝嘗禋通配
塋每感節烝嘗禋通配
享虔誠如在終身不忘而
享虔誠如在終身不忘而
能克諧六親養均七子躬
能克諧六親養均七子躬

組紃之事服澣濯之衣隋
組紃之事服澣濯之衣隋
開府儀同三司使持節靈
開府儀同三司使持節靈
州諸軍事靈州刺史石保
州諸軍事靈州刺史石保

縣開國公昇夫人之高祖
縣開國公昇夫人之高祖
也皇駙馬都尉驃騎大將
也皇駙馬都尉驃騎大將
軍右宗衛率平氏縣開國
軍右宗衛率平氏縣開國

舅儀夫人之曾祖也皇金

舅儀夫人之曾祖也皇金

明公王舅福延夫人之祖

明公王舅福延夫人之祖

也高尚不仕志逸山林忠

也高尚不仕志逸山林忠

繁華於市朝挹清虛於泉
繁華於市朝挹清虛於泉
石皇朝散大夫行嘉州司
石皇朝散大夫行嘉州司
倉參軍睞夫人之父也夫
倉參軍睞夫人之父也夫

人即司倉之第二女容華
人即司倉之第二女容華
婉麗詞藻清切仁心既廣
婉麗詞藻清切仁心既廣
品物無傷禮則恒持諸親
品物無傷禮則恒持諸親

咸仰喚子有嚙指之感臨

咸仰喚子有嚙指之感臨

事無投杼之惑蒼穹不愍

事無投杼之惑蒼穹不愍

禍来斯鍾以天寶五載景

禍来斯鍾以天寶五載景

戌律中沽洗日在胃建壬

戌律中沽洗日在胃建壬

辰癸丑朔丁巳土滿因寒

辰癸丑朔丁巳土滿因寒

節永慕兼之泠食遂至蓮

節永慕兼之泠食遂至蓮

疾薨于義寧里之私第春
疾薨于義寧里之私第春
秋四百五十甲子嗚呼哀
秋四百五十甲子嗚呼哀
哉天乎天乎禍出不圖其
哉天乎天乎禍出不圖其

福何在哲人斯殂痛惜衍

福何在哲人斯殂痛惜衍

邁哀傷路隅弔禽夜叫白

邁哀傷路隅弔禽夜叫白

馬朝趍知神理之難測孰

馬朝趍知神理之難測孰

不信其命夫德以天寶六
不信其命夫德以天寶六
載丁亥律應夾鍾日在奎
載丁亥律應夾鍾日在奎
建癸卯丁未朔己酉土破
建癸卯丁未朔己酉土破

遷合于元府君舊塋禮也

遷合于元府君舊塋禮也

嗚呼嗚呼松檟茲合魂神

嗚呼嗚呼松檟茲合魂神

式安閟泉扃兮已矣顧風

式安閟泉扃兮已矣顧風

樹而長歎府君之德行前

樹而長歎府君之德行前

銘已載嗣子不疑等望咸

銘已載嗣子不疑等望咸

陽之日遠靈轜以擢擗

陽之日遠靈轜以擢擗

號天靡訴叩地無依斲彼

號天靡訴叩地無依斲彼

燕石式祈不朽乃為銘曰

燕石式祈不朽乃為銘曰

啓先塋于松檟合掩舊扃

啓先塋于松檟合掩舊扃

肎無所覩痛後胸予屠肝
心從今向去終千古

有关颜真卿的一些事

于赓哲（陕西师范大学）

颜真卿，唐代著名的书法家、政治家，参与过抵御安史之乱。终其一生，以正直而闻名，『字如其人』，为人如同其字体一样刚正，也正因为如此而遭人嫉恨。虽然其思想不脱当时『君明臣直』之范式，但是在为人方面做到了极致。颜氏祖籍琅琊临沂，书香传世。据称远祖为孔子七十二贤之一颜回。原本颜家在战国时期是以武力而著称，《颜氏家训》卷五：『齐有颜涿聚，赵有颜最，汉末有颜良，宋有颜延之，并处将军之任，竟以颠覆。』这可能是颜真卿家的同族，其中包括鼎鼎有名的被关羽斩于马下的颜良。

但是后来的颜家顺应了崇尚文治的历史潮流，开始以孝悌、家学传世。颜真卿十二世祖颜含，官至东晋侍中（也就是从他东渡开始，颜家移居江南）。少年时兄长颜畿去医家看病，死在医家。家人迎丧，其妻梦见颜畿曰：『吾当复生，可急开棺。』颜畿母及家人也梦到同样的梦，即欲开棺，而父不听。颜含虽然年少，但是力主开棺：『非常之事，古则有之，今灵异至此，开棺之痛，孰与不开相负？』于是打开棺材，见颜畿气息尚存，棺材内遍布指甲抓挠痕迹，双手伤痕累累，『然气息甚微，存亡不分矣。』也就是说颜畿已经成了一个植物人。此事见于《晋书》，托梦之类情节，一则是《晋书》从来不拒玄怪之事，二则可能是种种迹象引起部分家人直觉颜畿是医学假死，由此影响到梦境。

颜含决心照料兄长，竟然持续十三年，直到兄长去世。『含乃绝弃人事，躬亲侍养，足不出户者十有三年……畿竟不起。』由此，颜含孝悌之名满天下，石崇还托人送来礼物。植物人生存十三年较为罕见，前提是必须照料得当。

颜家家风正直，学术乃至书法的传承也见于历史记载。颜真卿八世祖腾之，字弘道，曾任刘宋巴陵太守，擅长草书，梁武帝在《草书评》

称赞道：『颜腾之、贺道力并便尺牍，少行于代。』五世祖协曾任梁湘东王（后为梁元帝）记室，博涉群书，工于草隶。

高祖颜之推，生于江陵，历仕梁、北齐、北周、隋。从他开始，颜家迁居长安。颜之推乃饱学之士，自幼饱读经书，又经历曲折，仕宦之途遍及南北，经历之丰富罕有可匹。他鄙视『俗间儒士』，主张『明六经之旨，涉百家之书，以增益德行，敦厉风俗』。最杰出的作品是《颜氏家训》，该书不仅体现了颜氏家风和对家风培养、传承的重视，而且语言平和，少有大道理，多推心置腹，被称为中国『家训之祖』。

颜师古，颜真卿曾伯祖，颜之推的孙子、颜思鲁的儿子。博览群书，学富五车，是中国历史上著名的历史学家和文字学家，擢中书侍郎、秘书少监，为崇贤、弘文两馆学士，曾受命唐太宗考证『五经』，擅长训诂、声韵、校勘之学；所著《汉书注》是所有《汉书》注中最精者，传承至今。他还曾经参与过唐政府组织的《隋书》写作。

颜真卿的伯父颜元孙著有《干禄字书》，收录当时各种字体，是唐代正字学的经典之作。

家风对一个家族的诸多成员来说至关重要，尤其是对少年时期的人，生活环境和家族价值观对他的人生观和性格养成具有决定性作用，中古时期更是如此。中古重阀阅，家族的门风礼法是立身社会的根本，也是家族地位的展现。颜氏家族的门风礼法、家学在颜真卿兄弟身上得以展现。

颜真卿三岁的时候，父亲去世。他被母亲殷氏一手拉扯大，所受教育尤其是颜家家风的教育，殷氏可谓居功至伟。颜家与殷家通婚已历经数代，而殷氏家族也是一个书法世家。颜真卿早年间学张旭，曾写有《张长史十二意笔法》，后来受到殷氏家族巨大影响，师从殷令名、殷仲容。还曾经学习褚遂良笔法。

颜真卿的仕宦历程堪称丰富而悲壮。开元二十一年（七三三年），他就读于京师长安的福山寺。十月，到吏部应试，第二年二月，颜真卿中进士甲科。开元二十四年（七三六年），经吏部铨选，任校书郎。校书郎虽然职位不高，但对于唐代知识分子来说却是一个显赫的开端，因为必须是公认的博学之士才可以出任，前途可谓光明。开元二十六年（七三八年），颜真卿因殷夫人病逝，赴洛阳丁忧三年。

天宝元年（七四二年），颜真卿回到长安，从头开始，中了制举考试中的博学文词秀逸科。唐代科举有常科和制科，制科考试授官快捷，但也更难考，颜真卿连过常科和制科考试，功底可见一斑。该年十月，被任命为醴泉县尉。天宝五载（七四六年）三月，迁长安县尉。同为县尉，难道四年间颜真卿在事业上毫无『进步』吗？

长安县是长安城两县之一，辖地在朱雀街以西。唐代的县分为赤、畿、望、紧、上中下等，长安县属于最高等级的赤县。《唐六典》：『万年、长安、河南、洛阳、奉先、太原、晋阳，令各一人，正五品上……尉六人，从八品下。』而醴泉县属于次一等的畿县，『尉二人，正九品下』，所以从醴泉县到长安县虽然都是县尉，但实际是升职了。而且担任长安县的官员，前途是其他县没法比的。新出《罗婉顺墓志》就是撰于此时。

此时的颜真卿名气还不大，甚至书法也没有达到成熟阶段。对于自己的仕途，他多少有些焦虑。《南部新书》：『有范师姨者，知人休咎，为颜鲁公妻党。颜尝问之：「官阶尽得五品否？」范笑曰：「邻于一品。颜郎所望，何其卑也！」颜曰：「官阶尽得五品，身着绯衣，带银鱼，儿子补斋郎，余之满望也。」范指座上紫丝食单曰：「颜郎衫色如是。」』颜真卿说我要是到退休的时候能官拜五品，穿上红衣（唐代四品、五品服色），带上银鱼袋，儿子当一个斋郎（一种出身）也就满足了。范氏指着紫色食单对真卿说：『颜郎衫色如是。』意思你太保守了，你会穿上紫色。紫色乃三品以上服色，暗示颜真卿将位极人臣。

颜真卿后来出任监察御史，『五原有冤狱，久不决，真卿至，立辩之。天方旱，狱决乃雨，郡人呼之为「御史雨」。』（《旧唐书·颜真卿传》）。在五原，颜真卿博得了良好的政声，此后历经多个职务。天宝八载（七四九年），颜真卿升任殿中侍御史，因得罪宰相杨国忠，被外调为东都采访判官。次年，再任殿中侍御史。天宝十一载（七五二年），转任武部员外郎，再次遭到杨国忠排挤，出任平原郡（今山东德州）太守。

平原郡接近河北安禄山的大本营。此时的安禄山，可以说其阴谋已是司马昭之心路人皆知，唯独唐玄宗被蒙在鼓里。『山雨欲来风满楼』，颜真卿认为，假如安禄山反，那么平原郡毫无疑问要处于前线，所以他开始秘密谋划整顿军备。但是此事还不能让安禄山知道，否则以安禄山的地位而言，要整死一个颜真卿可是绰绰有余。于是他假托说天降淫雨，城墙有损坏，以修理城墙为名，巩固城防，而且秘密积蓄粮草。与此同时，他又装得若无其事，与同僚们整日泛舟游玩，吟诗作赋。安禄山真的秘密派人来平原郡侦察了一下，发现颜真卿一副吊儿郎当的样子也就放了心，觉得一介书生不足为虑。

没多久，安禄山果然叛乱，『渔阳鼙鼓动地来』，天下大乱。叛军可谓势如破竹。颜真卿秣马厉兵，决心要有一番作为。他派人秘密前往长安向唐玄宗报告消息，并且通知皇帝要在敌后举兵起事。

安禄山刚叛乱的时候，唐玄宗听说河北二十四郡不战而降，慨叹说『河北二十四郡，岂无一忠臣乎！』直到颜真卿派来的人报告了消息，他才惊喜地说：『朕不识颜真卿形状何如，所为得如此！』（《旧唐书·颜真卿传》）。颜真卿曾当过侍御史，在皇帝身边服务，而唐玄宗竟然不识，宋代何薳对此评价说：『夫小大一个颜真卿，自不知姓名。……不知平日勾当甚事，乃知明皇本无心治天下也。』（《春渚纪闻》）晚年的唐玄宗的确是昏聩，所以什么事都不走心。

颜真卿暗地里招募人马，手下很快汇聚了万余兵力，此时安禄山正派使者带着被他斩杀的三个唐朝官员的头颅巡回河北各郡，意思是要用这个方式恐吓河北各郡：你们要给我乖乖的。当使者来到平原的时候，颜真卿下令将使者腰斩处死，然后将三个头颅以礼安葬，撒酒祭奠，这也就等于公开向安禄山宣战了。

很多地方听到消息都纷纷斩杀安禄山派来的官员，响应颜真卿。尤其一个有关他的从兄颜杲卿的消息传来，更让颜真卿欣喜。

颜杲卿此时正担任常山郡太守。常山郡在今石家庄地区，紧邻安禄山大本营。叛军刚打来的时候，整个河北地区无人能敌，几乎都是望风而降。国家承平日久，内地老百姓已经多年没打过仗，再加上唐玄宗晚年昏聩，导致内地武备空虚。安禄山叛军打来的时候，很多郡县不是不想抵抗，而是找不到会打仗的人，而且武器库里的兵器都已经朽坏，拿都拿不起来，怎么打？反观安禄山叛军，原本是唐朝的边防军，久经战阵，勇猛善战，而且为了反叛已经准备多年，两厢对比，高下立判。所以叛军刚开始可谓是所向披靡，河北二十四郡，几乎是一夜之间全部沦陷。

颜杲卿刚开始也是迫于无奈投降了安禄山。安禄山很高兴，赐他衣金紫，让他交出一个子弟留做人质，然后放他回去继续担任常山太守。颜杲卿走在路上，越想越不是滋味。颜家历来家教甚严，自己从小受到的是正统的儒家教育，忠孝二字无比重要，现在投降安禄山，岂不是违背了自己的人生观？

颜杲卿越走越觉得羞耻，一路无话，他的部下袁履谦跟着他，也是一路无语，忽然颜杲卿转过头来，指着安禄山赏赐的衣服，对袁履谦说：『何为着此？』（《资治通鉴》）这四个字，饱含着自责，而且暗示自己想反安禄山。袁履谦也不甘心投降安禄山，一听心领神会，两人立即开始密谋，怎么样趁安禄山对他们没有提防，打敌人一个措手不及。

当时安禄山已经把自己的人马派到了颜杲卿身边。颜杲卿布置人手，趁敌不备，杀死敌人两个高级将领，擒获一名将领，以迅雷不及掩耳之势夺取了战略要地。然后传檄河北，扬言说朝廷二十万大军不日即将来到河北，敌寇已经朝不保夕。

颜杲卿还推举颜真卿当义军领袖，颜真卿是他弟弟，为何推举他呢？首先是因为颜真卿率先起事，其次是因为颜真卿地位高，当过侍御史，所以颜杲卿等推举他为帅，领导整个河北地区的抵抗运动。河北地区原本归降安禄山就属于迫不得已，一听说有人带头举兵，自然是欢欣鼓舞，一时之间原来已经归降安禄山的二十四郡里有十七个郡揭竿而起，反抗叛军。

安禄山得知后院起火，自然是无比焦急，他派史思明等回师河北，来镇压抵抗运动，矛头首先指向了颜杲卿的常山郡。而且史思明不愧是久经战阵，动作很迅速，颜杲卿起事才八天，史思明就已经兵临城下，常山郡的守备工作还没完成，士兵也没有得到充分的训练，颜杲卿率众进行了拼死抵抗，箭矢都射光了，最终城陷，残酷的敌人对守城军民进行了大屠杀，死者万余人，颜杲卿和袁履谦被俘后遭到杀害。

颜杲卿一家的牺牲，在《祭侄文稿》上留下了浓墨重彩。这幅作品是颜真卿传世作品之一，钤满了历代鉴藏印章，现藏台北故宫博物院。与大家熟悉的颜体字不一样的是——这是一幅行书，整篇笔走龙蛇，书稿上涂涂改改的地方很多，可以看到作者思绪万千，难以抑制内心的激动。尤其是最后几行，可以看出作者已经按捺不住悲痛之情，写了又改，改了又写，最后一句『呜呼哀哉尚飨』，可谓字字泣血，触目惊心。号称天下行书第二。

从唐肃宗到唐代宗期间，颜真卿先后担任宪部尚书、利州刺史、户部侍郎、尚书左丞等职务。此时的唐朝，不仅生灵涂炭，而且中央权威衰落，文官与武官矛盾尖锐，宦官专权兴起，藩镇桀骜不驯。这个阶段颜真卿的一言一行都以维护朝廷权威为目的，很重视忠孝，很重视礼仪。另外，他还和朝中奸臣展开了不妥协的斗争。

唐德宗时期有个奸相叫卢杞。以阴险狡诈、狠毒而著称，总找各种机会整治颜真卿。他有一次问颜真卿：想让您独当一面，您看哪里合适啊？那意思就是想把颜真卿赶出京城，让他到地方上去。颜真卿说：我被人贬到外面去也不是一次两次了，现在我已经很老了，没想到您还是不能相容。当年御史中丞大人的首级送到平原的时候，我对中丞极度仰慕，他脸上的血我都不敢用布擦，而是用舌头舔干，您忍心如此对我吗？

原来这位中丞是卢杞的父亲卢奕，此人是个烈士忠臣。当年安禄山攻陷洛阳的时候，卢奕被俘，但是坚贞不屈，拒不投降，被敌人杀害。颜真卿旧事重提，其实是在讽刺卢杞。不久，朝廷又陷入了一个大麻烦之中，当时唐德宗急于剿灭藩镇，引发了连锁反应，许多藩镇勾结在一起对抗朝廷，这其中有个叫李希烈的军阀，是个很有实力、很关键的人物。

李希烈，辽西人。曾经担任唐淮西节度使，效忠朝廷，帮助朝廷平定盘踞荆襄一带的军阀梁崇义，立有大功。被唐德宗任命为平卢、淄青节度使，奉命征讨割据淄青的军阀李纳。

此时最大的问题是：唐德宗采取的是以藩镇打藩镇的策略，要是藩镇听命也就罢了，问题是此时朝廷权威衰落，藩镇稍有不满就会与朝廷对抗，李希烈就是这样，他非但不打，反与李纳通谋，并与叛乱的河北藩镇朱滔、田悦等勾结，自称天下都元帅、建兴王。李希烈的叛变震惊了整个朝廷，因为他实力很强，又有谋略，他的反叛意味着朝廷平叛的斗争功亏一篑，而且直接威胁到了唐王朝的安危。

此时卢杞出来对皇帝说：『四方所信，若往谕之，可不劳师而定。』（《新唐书·颜真卿传》）意思是派个德高望重者前往晓喻利害即可，颜真卿这个人就很合适。

李希烈手握重兵，岂是一个颜真卿可以劝得动的？但是皇帝已经陷入慌乱，竟然听从了卢杞建议，派颜真卿出使李希烈处。朝中大臣们一听无不大惊失色，有人紧急上书皇帝，但是已经追不上颜真卿了。

颜真卿心里很明白，此一去肯定是有去无回，但是一生刚直不阿的他岂是贪生怕死之辈，他接到命令就立即动身，前往李希烈处。到了李希烈的大本营，李希烈的那些部下们个个面目狰狞，上千人围着颜真卿，手里拿着刀，大喊着要吃了颜真卿的肉，『真卿色不变』（《新唐书·颜真卿传》），李希烈还假惺惺站起来用身体遮蔽颜真卿，护送颜真卿住到了馆舍中。其实就是把颜真卿软禁起来了。

颜真卿此时已经抱定必死的决心。李希烈说自己愿意归降朝廷，颜真卿为此给皇帝写奏折，但同时又给家人写信，告诫他们侍奉好家庙。这等于是暗示自己要死在这里。

有一次，李希烈请颜真卿喝酒，还让俳优表演，内容讽刺朝廷。颜真卿勃然大怒，说你不是承认自己是唐臣吗，你这是臣下该有的行为吗？李希烈不得不让俳优们退下。此时各路藩镇的使者都在座。有人对颜真卿说：太师，久仰您的大名。现在李公要建立大号，而您就来了，这岂不是天意吗？

颜真卿正色回答：『君等闻颜杲卿无？是吾兄也。禄山反，首举义兵，及被害，诟骂不绝于口。吾今年向八十，官至太师，守吾兄之节，死而后已，岂受汝辈诱胁耶！』（《旧唐书·颜真卿传》）你们听说过颜杲卿吗？他是我兄长。当年他反抗安禄山，一直到死都骂不绝口。我现在快八十了，官至太师，我要像我兄长一样守节，岂能受你们的胁迫利诱！

颜真卿知道自己必死，于是预先给自己写了墓志和祭文，指着寝室西墙说：这里将来就是我的坟墓。此时朝廷军队加紧了对李希烈的进攻，李希烈在战场节节败退，所以更加气急败坏，他派人当着颜真卿的面堆积柴火，泼上油，然后说你要是不投降，立即烧死。没想到颜真卿真的就往柴火堆上扑。叛党们十分无奈。

紧接着李希烈的弟弟被朝廷杀死，李希烈大怒。他从开封派遣使者来杀害颜真卿。使者见了颜真卿就说有敕文。敕文是圣旨，颜真卿一听立即下拜，使者宣读说赐颜真卿死。颜真卿回答说：老臣无状，理应万死。但不知使者何时从长安来？使者回答说：我是从大梁（开封）来的。颜真卿一听大骂：『乃逆贼耳，何敕耶！』（《旧唐书·颜真卿传》）什么敕文！原来是来自于逆贼！就这样骂不绝口，敌人扑上来将颜真卿勒死。颜真卿享年七十七岁。

颜真卿的牺牲和当年的颜杲卿的牺牲何其相似。两人都为国家而死，都为心中的信念而死。死得都是那样壮烈。数百年后文天祥通过诗文称赞他说：『公死于今六百载，精忠赫赫雷行天。』（《吊颜鲁公》）可谓英雄相惜。颜真卿没有一天忘记自己的职责，他忠于这个国家，信守自己的价值观，别人看他是死于非命，为他惋惜，但这又何尝不是他追求的完满结局呢？

至于说颜真卿书法之妙，还得益于当时追求至善至美的书法氛围，唐朝开国之初，皇帝就很重视书法，按照《法书要录》的说法，唐高祖、唐太宗、武则天都是优秀的书法家。官方在机构制度上也很重视书法。

《唐六典》记载说：『自汉已来，不见其职。隋置书学博士一人，从九品下。皇朝加置二人。书学博士掌教文武官八品已下及庶人子之为生者，以《石经》《说文》《字林》为专业，余字书亦兼习之。』隋朝设置了一个前所未有的职位——书学博士，唐代继承。书学博士负责教育八品以下官员和平民子弟，这些学生以后可以参加科举考试，唐代科举中常科考试有『明书』一科。

当时朝廷中之崇文、宏文两馆，要求必须『楷书遒美，皆得正样』，诏令文武官员研习书法。官员铨选中也用书法作衡量标准，《新唐书》记载说：『凡择人之法有四：一曰身，体貌丰伟；二曰言，言辞辩正；三曰书，楷法遒美；四曰判，文理优长。』这里不仅提到书法是四个衡量标准之一，而且必须写楷书。因为楷书是官方指定字体。在这样的氛围下，全社会读书人都追求书法之精进，蔚然成风。南宋朱翌《猗觉寮杂记》说：『唐百官志有书学一途，其铨人亦以身言书判，故唐人无不善书者。』颜真卿书法就是这个大背景下的产物。